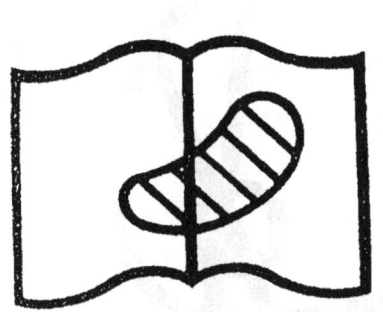

Illisibilité partielle

Valable pour tout ou partie
du document reproduit

Original en couleur
NF Z 43-120-8

RAPPORT

SUR LES

ARCHIVES DÉPARTEMENTALES

COMMUNALES ET HOSPITALIÈRES

DE L'ISÈRE

EN 1892-1893

PRÉSENTÉ A M. LE PRÉFET

PAR

M. A. PRUDHOMME

Archiviste de l'Isère.

GRENOBLE
IMPRIMERIE F. ALLIER PÈRE ET FILS
Cours Saint-André, 26
1893

RAPPORT

SUR LES

ARCHIVES DÉPARTEMENTALES
COMMUNALES ET HOSPITALIÈRES
DE L'ISÈRE
EN 1892-1893

Présenté à M. le Préfet

par M. A. PRUDHOMME, Archiviste départemental.

MONSIEUR LE PRÉFET,

J'ai l'honneur de vous adresser mon seizième rapport annuel sur la situation des archives départementales, communales et hospitalières, dont la garde m'est confiée dans le département de l'Isère. Les divisions de ce compte-rendu sont fixées par la circulaire ministérielle du 23 juin 1875.

ARCHIVES DÉPARTEMENTALES.

I. — LOCAL.

La situation des bâtiments des archives ne motive aucune observation. Grâce à la suppression des papiers inutiles opérée cette année, nos rayons allégés pourront recevoir pendant quelque temps les versements des diverses administrations, dont le volume s'accroît d'année en année.

II. — RÉINTÉGRATIONS, DONS ET ACHATS.

Aucune réintégration n'a été opérée cette année. Et cependant les archives de l'Isère se sont enrichies d'une centaine de documents historiques offerts par M. Henry Morin-Pons, le collectionneur lyonnais bien connu, dont j'ai déjà une fois remercié ici même l'intelligente générosité.

Désireux d'assurer la conservation des richesses historiques qu'il a patiemment réunies aux prix de recherches et de sacrifices pécuniaires considérables, l'érudit numismate a distribué le contenu de ses cartons aux archives des départements dauphinois et à la bibliothèque de la ville de Lyon. A cette dernière il a, à mon grand regret, attribué sa magnifique série de documents généalogiques dauphinois[1] dont quelques-uns ont jadis appartenu à la Chambre des Comptes de Grenoble. J'ai vivement insisté auprès de lui pour qu'il nous rendît ces enfants perdus, jadis arrachés à leur famille paléographique par le généalogiste Moulinet et vendus par lui à M. de la Tour-du-Pin-Chambly. Des archives de ce dernier ils avaient passé dans le cabinet de M. Letellier-d'Irville et de là dans les cartons de M. Morin-Pons. A mes sollicitations, M. Morin-Pons a répondu qu'il ne voulait pas démembrer cette collection, dans laquelle les documents provenant de la Chambre des Comptes n'entraient que pour une faible part, et qu'il croyait qu'elle sera plus facilement consultée à la bibliothèque de Lyon qu'aux archives de l'Isère. M. Morin-Pons adoucissait l'amertume de ce refus par un don si généreux que, quelqu'envie que j'en eusse, je sentis qu'il y aurait mauvaise grâce à insister.

---

[1] La première partie de cette collection a été cataloguée par MM. Chevalier et Lacroix dans un inventaire publié en 1878, qui fut offert alors aux Archives de l'Isère par M. Morin-Pons. Il porte le titre de : *Inventaire des Archives dauphinoises par M. Henri Morin-Pons*, rédigé et publié par Ulysse Chevalier et André Lacroix. — *Dossier généalogique*, A. C. Lyon, 1878, in-8°.

Ce don comprend en effet une centaine de pièces dont voici un catalogue sommaire :

5 juin 1328. — Accord entre les habitants d'Allevard et les nobles du lieu au sujet des bois.

27 avril 1330. — Terrier, de la commanderie de Saint-Jean de Jérusalem, d'Allevard.

1335. — Vidimus rédigé en 1365, de l'investiture du royaume de Vienne, conférée en 1335 à Humbert II, dauphin, par Louis, comte d'Ottingen, au nom de Louis de Bavière.

1349. — Copie de l'acte de fondation de l'Abbaye de Saint-Just-de-Claix, du 25 octobre 1349, suivi d'une ordonnance du gouverneur du Dauphiné en date du 4 avril 1369, qui maintient ladite abbaye dans ses droits de lods et investitures.

26 décembre 1352. — Lettres du roi Jean II et de Charles, dauphin, en faveur de la même abbaye.

10 mars 1352. — Lettres de l'ancien dauphin Humbert II sur le même sujet.

23 février 1365. — Donation à l'église de Vourey par Martin Séchaud, de Moirans.

30 août 1400. — Provisions du prieuré et église de Notre-Dame de La Chau pour Rostaing de Lépine, en remplacement de Guillaume Charbaud, données par le prieur et les religieux de Notre-Dame de Lagran.

27 décembre 1423. — Acensement de l'eau de la Drevenne au mandement de Rovon, passé par le gouverneur du Dauphiné en faveur de Bertrand Treillard et Jean Roybon, marchands de Saint-Quentin, pour y construire un martinet.

3 mai 1441. — Transaction passée entre le prieur de Saint-Laurent de Grenoble et les habitants de la rue Saint-Laurent au sujet de la fontaine de cette rue.

1450. — Procédures contre Jeanne, veuve de Pierre Marelli, et Antoinette Florette, accusées du crime d'hérésie.

25 août 1451. — Testament d'Antoine Pomier, d'Allevard.

2 avril 1452. — Cession faite par Jacques Bovier, de Saint-Jean-d'Octavéon, à Jean de La Fosse, archer de la garde du Dauphin, des droits qu'il avait dans la succession de feu Michalon Pelicier.

8 mars 1458. — Lettres du gouverneur Louis de Laval confirmant les libertés de Saint-Symphorien-d'Ozon.

13 juillet 1463. — Vente d'une vigne passée par Benoît Amagat, de la Sône, à Jean Luysard, de la Côte-Saint-André.

24 mai 1466. — Reconnaissance passée en faveur de l'église de Saint-Vincent-du-Plâtre, par Pierre Meyret, de Cornillon.

12 novembre 1482. — Transaction entre les prieurs de Saint-Simeon-de-Bressieux et de Viriville, au sujet des dîmes.

1413-1498. — Vidimus, rédigé en 1498, d'une convention passée le 17 avril 1413 entre le censier du prieuré d'Oyeu et les habitants du lieu.

XVII° siècle. — Reconnaissance en faveur du prieuré de Saint-Laurent de Grenoble passée par noble Angélique Pollon, veuve de Martin Gallian, conseiller au Parlement, et Antoine Gallian, son fils.

20 mars 1505. — Vente d'un pré à Allevard, par Catherine Raffin, à Guillaume et François Pomier.

6 novembre 1509. — Arrêt de la Chambre des Comptes de Grenoble rendu sur une requête des consuls et habitants de Crémieu, au sujet du changement de la mesure du sel.

1510-1535. — Protocole de Vincent Lambert, notaire à Saint-Marcel.

1514-1519. — Reconnaissances passées au profit de la chapelle de Saint-Antoine et Saint-Sébastien, fondée en l'église de Crolles.

1521. — Fragment de protocole de Claude de Miribel, notaire à Vif.

21 février 1528. — Arrêt de la Chambre des Comptes de Grenoble qui condamne les habitants du Rivier à participer aux charges d'Allemont en Oisans.

1538. — Reconnaissances passées aux profits de noble Olivier de Beaujeu, seigneur de Saint-Julien-de-Ratz. Registre in-4°, papier.

1538. — Compte rendu, par Odet Mestral, de 300 écus reçus de la communauté de Saint-Symphorien-d'Ozon.

22 novembre 1539. — Accord entre Urbain Chambet, de Vinay, recteur des chapelles de Saint-Michel en l'église

de l'abbaye de Laval-de-bressieux et de Notre-Dame en l'église de l'Albenc, et Guillaume Chambet, au sujet desdites chapelles.

1550. — Protocole de Robert, notaire à Gresse.

25 juin 1551. — Accord entre François de Saint-Marcel, prévôt de Saint-André, les chanoines dudit chapitre et François Malvais, prieur de Romette, d'une part, et les habitants de Saint-Julien-du-Buissard en Champsaur d'autre, au sujet des dîmes.

4 mai 1552. — Convention entre les villes et villages du Dauphiné sur le différent des tailles.

22 juillet 1562. — Transaction entre Jean de Gumin, prieur de la Murette, et les habitants de Réaumont, relativement aux dîmes de ce dernier lieu.

3 novembre 1565. — Arrêt du Parlement de Grenoble contre les soldats de passage qui se rendraient coupables de vols au préjudice des habitants.

14 août 1574. — Provisions de la chapelle du château de la Mure au profit d'Ennemond Gontard.

1587. — Dossier concernant la famille Rolland, de Saint-Égrève, testaments, contrats de mariage.

19 juin 1582. — Copie d'une bulle de Clément VII portant confirmation des privilèges de l'ordre de Saint-Jean de Jérusalem.

1593-1594. — Protocole de Chollet, notaire à Vif.

14 août 1595. — Enregistrement des lettres patentes de mai 1548, créant un marché à Saint-Nazaire-en-Royans.

1598. — Fragment de protocole de Bernard, notaire à Chirens.

13 novembre 1598. — Provisions données par l'évêque de Grenoble du prieuré de Saint-Ange et de la sacristie de Risset, en faveur de Claude Calignon, prêtre habitué en l'église cathédrale de Grenoble.

XVIIe siècle. — Mémoire sur le prieuré de Notre-Dame de Claix.

1600-1656. — Contestations entre le prieuré de Saint-Laurent de Grenoble et la ville au sujet de la fontaine de Saint-Jean.

1622. — Dossier concernant les États-Généraux du Dauphiné tenus à Valence.

6 août 1626. — Acte de dotation du couvent des Minimes de Tullins, par dame Virginie Bonne, veuve de Gaspard de Fléhard, président au Parlement de Grenoble.

Décembre 1629. — Prix fait pour l'établissement des fontaines de la ville de Grenoble.

21 décembre 1629. — Attestation donnée par noble Pierre Scarron, évêque de Grenoble, à Josué Barbier, ministre converti, habitant Grenoble.

1651. — Premier plaidoyer par Augustin Basset, chanoine-sacristain de Saint-André de Grenoble.

1653-1659. — Dix pièces concernant les logements de troupes.

14 août 1668. — Arrêt du Parlement de Grenoble entre les consuls et habitants de Saint-Étienne-en-Dévoluy et noble Antoine Brenier, trésorier général de France.

26 juillet 1671. — Sentence du juge de la sénéchaussée de Toulouse renvoyant à se pourvoir devant le Parlement de Grenoble, noble Jean Albo, ancien capitoul de Toulouse, et Jean-Baptiste Albo, son frère, marchand.

4 juin 1681. — Arrêt du Parlement chargeant le conseiller de Saint-Marcel de l'instruction de l'homicide commis par Joseph de la Salle sur la personne de Jean Conduoche, apothicaire de Crémieu.

1681. — Autorisation donnée par les religieuses de Montfleury à Étienne Amat, procureur, de prendre de l'eau dans le ruisseau de Charmeyran.

31 août 1692. — Ordonnance du maréchal de Catinat, relative aux levées de troupes. (Imprimé).

1692-1747. — Seize pièces relatives au traité passé entre le prévôt de Saint-André de Grenoble et le sieur Pierre Gellnot et noble Joseph de Lemps, au sujet de deux fonds situés aux Granges lès-Grenoble.

9 septembre 1694. — Lettre missive du roi Louis XIV au premier président Pucelle.

xviii° siècle. — Mémoire présenté à l'intendant du Dauphiné par les maire, échevins et syndics de Crémieu.

xviii° siècle. — Inventaire de divers actes concernant le chapitre de Saint-Chef.

xviii° siècle. — Mémoire par lequel le comte de Lautrec demande au roi la concession de la forêt de Claix.

16 et 22 juin 1700. — Arrêt du Conseil d'État sur les censes et rentes directes du Dauphiné.

1700. — Copie de la réformation des bois en ce qui concerne les bois de Laval.

1706. — Revision générale des feux du Dauphiné. 1 vol. imp.

1713. — État des revenus du prieuré de Saint-Laurent de Grenoble.

21 novembre 1724. — Déclaration du roi qui règle le droit d'indemnité dû par les ecclésiastiques et gens de main-morte pour les acquisitions qu'ils font.

18 octobre 1736. — Transaction entre Joseph Grassin, de Mailly, prieur de Domène, et les religieux de ce prieuré.

12 mai 1755. — Ordonnance de Pierre-Louis Guiffrey de Monteynard, comte de Marcieu, commandant en chef en Dauphiné, sur le port des armes. (Imp.)

Mémoire sur la constitution particulière du Dauphiné et observations sur les lois enregistrées le 10 mai 1788.

11 septembre 1789. — Lettre de Barnave aux officiers municipaux de la Côte-Saint-André. (Autographe.)

24 janvier 1791. — Lettre de François de Bruyères, ci-devant baron de Bruyères Saint-Michel, maréchal des camps et armées du roi.

1793. — Procès-verbal des séances de l'assemblée générale des délégués immédiats de la section du peuple français dans le département de l'Isère (24 premières pages seules).

An VI. — Deux pièces relatives à la délibération des communes de Clérieux et de Moras.

Au mois de mars dernier, M. Bertrand, notaire à Vif, président de la Chambre des notaires de l'arrondissement de Grenoble, m'offrait pour les Archives de l'Isère un précieux manuscrit en parchemin contenant les Libertés de la commune de Vif (2 mars 1350).

Je vous prie, Monsieur le Préfet, de vouloir bien signaler au Conseil général ces intelligentes libéralités.

III. — VERSEMENTS DE PAPIERS ADMINISTRATIFS.

Du 15 juin 1892 au 15 juin 1893, les Archives ont reçu des divisions de la Préfecture et des diverses administrations les versements ci-après, savoir :

Cabinet de M. le Préfet..	Néant.	
1re division............	558 dossiers.	
2e —	9 —	
3e —	81 —	10 reg.
Comptes de gestion des percepteurs versés par le Conseil de préfecture...	900 —	
Trésorerie générale. — Versement fait après le départ de M. Panckoucke..................		907 —
Rôle des contributions...	25 —	50 —
Total.....	1.573 liasses	967 reg.

IV. — VENTE DE PAPIERS INUTILES.

Les formalités nécessaires à la vente des papiers inutiles extraits des Archives de la Préfecture sont actuellement commencées et la vente sera faite vraisemblablement à l'époque où se réunira le Conseil général. Sous la réserve de l'approbation de M. le Ministre de l'instruction publique, j'ai inséré dans l'état des papiers à vendre au profit du département, la volumineuse et encombrante collection des procès-verbaux des Conseils généraux des départements, qui comprend environ 6,000 volumes. Toutefois, j'ai cru devoir conserver les collections des départements voisins de l'Isère, savoir : l'Ain, le Rhône, la Loire, l'Ardèche, la Drôme, les Hautes et Basses-Alpes, la Savoie et la Haute-Savoie.

V. — CLASSEMENT ET INVENTAIRE.

J'ai commencé cette année l'inventaire des chartes et registres de l'ancienne Chambre des comptes de Grenoble qui concernent les pays étrangers au Dauphiné : Auvergne et Rouergue, Avignon et Comtat-Venaissin, Bourgogne et Franche-Comté, Bresse, Bugey, Dombes, Valromey et Pays de Gex. A la suite des analyses consacrées aux titres de chacune de ces provinces, j'ai cru utile d'ajouter en appendice des extraits assez abondants de l'inventaire manuscrit des Archives de la Chambre des Comptes, rédigé au commencement du XVIIIe siècle, dont trois gros volumes in-folio sont consacrés aux titres étrangers. Ces extraits mentionnent un certain nombre d'actes importants relatifs aux mêmes provinces, lesquels, se trouvant dans les cartulaires précédemment inventoriés par mon prédécesseur, n'ont pas été signalés par lui. Il ne sera pas sans intérêt pour les érudits de ces provinces d'apprendre que les Archives de l'Isère peuvent leur offrir une source nouvelle, abondante et inconnue jusqu'ici, de renseignements historiques sur les pays qui font l'objet de leurs études.

Les titres concernant l'Auvergne ont pour point de départ la donation faite par le roi de France Louis le Hutin au dauphin Jean II, de 2,000 livres de pension annuelle sur les châteaux de Langeac et de Monton et sur le péage et le marché du Breuil.

Les documents du Rouergue constatent la cession faite en 1448 par le roi Charles VII à son fils, des châteaux de Laguiolle, Roquevalsergue, Saint-Genis-de-Ribedoc et Cassagnes-Begonhès, confisqués sur Jean, comte d'Armagnac.

Dans les titres d'Avignon et du Comtat on trouve une intéressante relation de la guerre faite en 1390 par Raymond de Turenne, au pape Clément VII et de curieuses lettres relatives aux démêlés qui s'élevèrent en 1476 entre le roi Louis XI et le cardinal Julien de la Rovère, évêque d'Avignon, qui devint ensuite pape sous le nom de Jules II.

Dans les fonds de Bourgogne sont de nombreux traités entre les dauphins et les ducs de Bourgogne au sujet des droits prétendus par ces derniers, à raison du mariage de Béatrix, fille de Guigue V, avec Hugue III, duc de Bourgogne. On y trouve aussi les privilèges conférés à l'Archevêque de Besançon par les empereurs et confirmés en 1356 par Charles IV.

Les titres du Bugey, de la Bresse, des Dombes, du pays

de Gex et du Valromey, constatent les possessions des sires de la Tour et des dauphins sur la rive droite du Rhône.

Suivant le désir exprimé par le Conseil général à sa dernière session d'août 1893, j'ai repris sur un plan plus large l'inventaire des archives de la période révolutionnaire (série L.), dont j'avais précédemment dressé un catalogue sommaire. J'ai analysé jour par jour et en donnant de nombreux extraits, les procès-verbaux de la première session du Conseil général du département, tenue à Vienne, du 9 novembre au 15 décembre 1790. Un manuscrit de 200 pages est actuellement prêt pour l'impression.

Pour faciliter les recherches des érudits qui viennent consulter les Archives de l'Isère, j'ai fait réunir dans mon cabinet tous les catalogues manuscrits des différents fonds civils et ecclésiastiques qui y sont conservés. Un certain nombre de ces catalogues sont très anciens et quelques-uns remontent au xive siècle. La plupart ont été dressés pendant la révolution à la suite de la loi de brumaire an V sur le triage des titres. J'ai fait établir un inventaire méthodique de ces catalogues et je me propose de l'insérer dans l'introduction du tome III de l'inventaire sommaire en cours d'impression pour servir de guide aux travailleurs jusqu'à l'achèvement de cette publication.

Le classement des titres anciens des communes (série E) a été continué et terminé. Ce fonds comprend actuellement 192 registres ou liasses.

Enfin, dès que le temps l'a permis, nous avons repris le triage des procédures rapportées, il y a quelques années, des greniers du Palais de justice. Le classement de ces volumineux dossiers comprend trois opérations :

1° Le triage sommaire qui a pour but de reconstituer les fonds en séparant les unes des autres, suivant leur provenance, les procédures civiles ou criminelles du Parlement, celles de la Chambre de l'Édit, de la Cour des Aides de Vienne, et de la Chancellerie; celles des bailliages de Graisivaudan, de Vienne et de Saint-Marcellin; celles des justices seigneuriales ou enfin celles qui doivent aller aux séries E, G et H. Cette première opération est, à l'heure actuelle, à peu près terminée;

2° Ceci fait, il faut extraire les procédures des sacs poudreux qui les couvrent depuis plusieurs siècles, les déplier, en secouer la poussière et les revêtir d'une enveloppe de papier fort. Cette seconde opération purement matérielle a été commencée, il y a trois mois, par un employé auxiliaire qui la mènera à bonne fin en dix mois environ, si le Conseil général veut bien m'autoriser à le payer par le moyen et sur les fonds que j'indiquerai au § VIII de ce rapport. Actuellement les procédures criminelles et celles de la Chambre de l'Édit sont achevées ;

3° La troisième et dernière opération consiste à inscrire sur l'enveloppe de chacun de ces dossiers la date de la procédure qu'il contient, et à les classer chronologiquement en liasses de format uniforme. Cette troisième opération a été faite pour les trente-neuf liasses de procédures de la Cour des Aides de Vienne.

Tels sont les travaux de classement effectués dans les archives anciennes au cours de l'année 1892-1893.

Dans les séries modernes nous avons dû, par suite d'un important versement de la 1re division, remanier le classement de toutes les subdivisions de la série O. (Administration et Comptabilité communale). La Série M9 (État-civil) a de même été l'objet d'une revision et les enveloppes des liasses qu'elle comprend ont été remplacées. Les collections de journaux du département étaient installées trop à l'étroit; au moyen d'un remaniement du second étage du dépôt, je leur ait fait donner la place nécessaire pour une vingtaine d'années. J'ai fait classer de même sur les casiers intercalaires du 1er étage le stock des numéros restants du *Recueil des Actes administratifs de la Préfecture* et des volumes de *Procès-Verbaux du Conseil général* et des Budgets et Comptes du département. Enfin, et cette dernière opération a pris presque tout l'hiver, nous avons préparé l'importante vente de papiers inutiles dont j'ai parlé plus haut.

A ces multiples besognes a été employée l'année 1892-1893.

VI. — Recherches et expéditions.

Le nombre des recherches opérées dans les Archives de l'Isère, du 15 juin 1892 à la même date de l'année 1893, est de 2,696. Il s'était élevé l'année dernière à 2,754.

Le tableau comparatif ci-après indique dans quelles proportions ces recherches se répartissent entre les diverses séries historiques et administratives.

1° *Archives historiques.*

	1891-1892	1892-1893
Série A.......	2 recherches.	Néant.
— B.......	651 —	553 recherches.
— C.......	66 —	37 —
— D.......	19 —	19 —
— E.......	64 —	31 —
— G.......	37 —	37 —
— H.......	176 —	146 —
— L.......	148 —	470 —
— Q.......	110 —	40 —
Bibliothèque historique.......	194 —	290 —
Total.......	1,467 recherches.	1,623 recherches.

2° *Archives Administratives.*

	1891-1892	1892-1893
Série K.......	14 recherches.	36 recherches.
— M.......	45 —	23 —
— N.......	4 —	10 —
— O.......	496 —	602 —
— P.......	72 —	47 —
— R.......	27 —	38 —
— S.......	102 —	52 —
— T.......	3 —	3 —
— U.......	Néant —	Néant
— V.......	6 —	5 —
— X.......	140 —	34 —
— Y.......	1 —	Néant
— Z.......	8 —	3 —
Bibliothèque administrative...	367 —	180 —
Total.......	1,287 recherches.	1,033 recherches.

Pendant la même période il a été consenti 98 prêts de documents à des fonctionnaires ou à des personnes autorisées. Douze expositions ou certificats ont été délivrés, qui ont produit, pour 18 rôles à 0 fr. 75, et 2 rôles à 2 fr., 17 fr. 50 sur lesquels 7 fr. 50 ont été versés, le 23 juin 1893, à la Caisse de M. le Trésorier-payeur général au compte des produits éventuels du département (récépissé n° 3712), le reste, perçu pendant l'exercice courant, est en caisse.

VII. — TRAVAIL DES EMPLOYÉS.

Des deux employés des Archives, l'un, en dehors de son service journalier de recherches et de communications au public, a été spécialement chargé de préparer le triage et de dresser l'état des papiers inutiles destinés à la vente. Il a de plus procédé au remaniement de la série O. Il achève en ce moment le premier dépouillement du fonds du greffe du Parlement de Grenoble.

Le second a achevé le classement de la série E (communes), transcrit les correspondances, dressé les certificats et expéditions et mis au net la copie de l'Inventaire des Archives de la révolution. Depuis plusieurs mois ce dernier travail l'occupe exclusivement et il est à prévoir qu'il l'absorbera ainsi pendant plusieurs années.

VIII. — CRÉDITS A INSCRIRE AU BUDGET:

Les crédits inscrits au budget départemental de 1893 pour les archives sont les suivants :

CHAPITRE X.

Art. 1er. — Appointement de l'archiviste et des employés auxiliaires, savoir :

L'archiviste..................	5.500 f.	»	
L'aide-archiviste.............	1.500	»	
L'employé....................	1.100	»	
	8.100	»	8.100 f. »
	A reporter...		8.100 f. »

Report...	8.100 f. »
Art. 2. — Dépouillement extraordinaire des archives, achats de cartons, livres et de documents, entretien de propreté et chauffage des bureaux......................................	600 »
Art. 3. — Publication de l'Inventaire (circulaire du 12 août 1861).............................	800 »
Art. 4. — Inspection des archives communales..	400 »
Total...............	9.900 f. »

Je vous serais reconnaissant, Monsieur le Préfet, de vouloir bien appeler la bienveillante attention du Conseil général sur le trop modeste traitement de M. Pilot, aide-archiviste, qui compte aujourd'hui dix-sept années de services dans les archives et qui n'a que 1.500 francs d'appointements. J'ai déjà dit, il y a deux ans, que j'appréciais le zèle et l'exacte assiduité de M. Pilot, ainsi que ses connaissances paléographiques qui lui permettent de contribuer utilement au classement des documents historiques. Je n'ai qu'à confirmer cette appréciation en insistant auprès du Conseil général pour qu'il améliore, dans la mesure qui lui semblera possible, la situation de M. Pilot de Thorey.

Au budget de 1893, l'article 3 du chapitre X, par suite de reliquats provenant des exercices antérieurs, s'élève à 1,521 fr. 65. Je vous prie de vouloir bien m'autoriser à prélever sur ce crédit une somme de 721 fr. 65 qui serait ajoutée à l'art. 2 du même chapitre (dépouillement extraordinaire des archives) et servirait à payer l'employé temporaire qui est chargé du dépouillement matériel des sacs de procédure provenant du greffe du Parlement de Grenoble. Ce virement serait inscrit au budget rectificatif de 1893.

IX. — ARCHIVES DES SOUS-PRÉFECTURES.

La vente des papiers inutiles de la sous-préfecture de la Tour-du-Pin, opérée le 20 août 1892 dernier, a produit :

1° Au profit de l'État une somme de 187 fr. 90, montant

de la vente de 4695 kilos de papier adjugés à raison de 4 fr. les 100 kilos;

2º Au profit du département 90 fr. 70 pour 2485 kilos vendus à raison de 3 fr. 05 les 100 kilos.

Les autres sous-préfectures ont été avisées de la vente que préparaient les Archives départementales et invitées à joindre leurs papiers inutiles à ceux du département.

X. — BIBLIOTHÈQUE ADMINISTRATIVE ET BIBLIOTHÈQUE HISTORIQUE.

J'ai compris dans mes propositions de vente des documents inutiles l'encombrante collection des procès-verbaux des Conseils généraux des départements, à l'exception de ceux des départements limitrophes de l'Isère. Cette élimination nous donnera la place nécessaire pour placer pendant quelques années les 200 volumes de cette série qui nous arrivent chaque année.

J'ai expliqué plus haut (§ V) que j'avais fait remanier le classement de la très intéressante et très volumineuse série des journaux du département.

La bibliothèque historique des archives s'est enrichie de vingt-huit ouvrages parmi lesquels je signalerai :

1º *La Correspondance de Carnot*, par E. Charavay, Paris, 1892, gr. in-8º;

2º *Lettres de Peiresc aux frères Dupuy*, publiées par Ph. Thamizey de Larroque, T, 1-III. Paris, 1888, in-4º;

3º *Nouveau recueil des inscriptions chrétiennes de la Gaule, antérieures au VIIIº siècle,* par Ed. Le Blant. Paris, 1892, in-4º; don du Ministère de l'Instruction publique;

M. Prou. — *Manuel de paléograpgie latine et française du VIº au XVIIº siècle,* suivi d'un dictionnaire des abréviations avec 23 fac-similé en phototypie. Paris, 1892, in-8º, et un carton de planches (achat);

La Castellata.-Storiad ell' alta valle di Varaita (Circondario di Saluzzo) pel sacerdote Claudio Allais. Saluzzo, 1891, in-12 (Don de l'auteur);

A. Tardieu. — *Histoire généalogique des Tardieu.* Herment, 1893, in-4º (Don de l'auteur);

J. Roman. — *Histoire de la ville de Gap*. Gap, 1892, in-8°
(achat), etc.

Le livre d'entrée de cette bibliothèque est arrêté au n° 827.

XI. — OBSERVATION DU RÈGLEMENT.

Les précautions édictées par les circulaires ministérielles pour assurer la conservation des archives en général et de chaque pièce en particulier sont ponctuellement observées dans le dépôt de l'Isère.

Pour éviter tout danger d'incendie, les feux sont éteints pendant l'hiver à l'issue de la séance du soir.

Les communications de documents sont toujours faites dans une salle affectée à cet usage et sous les yeux des employés. Toutes les pièces communiquées sont préalablement estampillées, si elles proviennent d'un fonds non encore catalogué. Trois registres, constamment au courant, constatent, chaque jour, les communications sans déplacement, les prêts de documents et les sommes perçues pour droits d'expédition. Un quatrième registre mentionne les entrées de livres dans la bibliothèque historique.

Chaque mois un homme de peine vient balayer les salles et épousseter les dossiers.

INSPECTION DES ARCHIVES COMMUNALES ET HOSPITALIÈRES

J'ai visité cette année les communes des trois cantons de Sassenage, Vif et Villard-de-Lans. La situation des archives y est relativement bonne. Elle est en tous cas, au point de vue matériel, bien meilleure qu'en 1882, époque où j'ai inspecté pour la première fois la plupart de ces communes. En effet, presque partout elles sont installées dans des locaux récemment construits et convenablement aménagés. Malheureusement le déménagement des papiers n'a pas toujours été assez religieusement surveillé et quelques registres très anciens ont été égarés en route.

Voici un tableau sommaire des documents les plus anciens conservés dans les archives de ces communes.

ÉTAT des documents les plus anciens conservés dans les Archives des communes des cantons de Sassenage, Vif et Villard-de-Lans.

NOMS DES COMMUNES	DÉLIBÉRATIONS	ÉTAT CIVIL	PARCELLAIRES	ROLES DES TAILLES et de la capitation. Comptes consulaires.
Sassenage	1651	1613 et 1634	1760	»
Engins	1791	1717	1642	»
Fontaine	1707	1727	1635	C. C. 1746.
Noyarey	An VIII	1714	1623	»
Pariset	1746 (?)	1656	—	»
Seyssins	1820	1619	1774-1784(?)	»
Veurey	1790	1686	1589, 1590 1768 (?)	»
Vif	1725	1653, 1602, 1710 1665, 1634	1700	»
Allières-et-Risset	1835	1626	1698 (?)	»
Claix	1790	1589	1605	»
La Cluze-et-Pâquier	1823	1602 et 1666	1700	XVIe-XVIIIe
Le Guâ	1816	1692	»	»
Pont-de-Claix	Commune créée en 1873.		»	»
St-Paul-de-Varces	An VIII	1702	1699 (?)	»
Varces	1816	1607	1686	»
Villars-de-Lans	1760	1627	1637	»
Autrans	1808	1643	1636	»
Corrençon	Commune créée en 1857.		»	»
Lans	1821	1737	1613, 1749	»
Méaudre	1866	1717	1650	»

CANTON DE SASSENAGE.

SASSENAGE.

Inventaire rédigé en 1884. Un double devra être adressé à la Préfecture. — Archives en assez bon ordre dans des cartons. — Périodiques reliés jusqu'en 1891.
Délibérations depuis 1651.
État civil : Les Côtes : depuis 1634.
           Sassenage : depuis 1613.
Je n'ai pas retrouvé le Terrier de la communauté de Sassenage de 1760, signalé dans l'Inventaire de 1884.

ENGINS.

Inventaire rédigé en 1845, non au courant. — Archives installées dans une pièce de l'appartement de l'Instituteur (il n'y a pas de salle de mairie) et dans la salle d'école. — Publications en feuilles.
Délibérations : depuis 1791.
État civil : depuis 1717.
Parcellaire : 1642, un vol. basane mauvais état. Manquent les premiers feuillets.

FONTAINE.

Inventaire rédigé en 1892. Un double devra être adressé à la Préfecture. — Archives installées dans une pièce annexe de la salle des délibérations. — Local convenable et suffisant. — Collections reliées jusqu'en 1890. — Archives bien classées.
Délibérations : depuis 1767 : les plus anciens cahiers devraient être reliés.
État civil : depuis 1727.
Parcellaire : 1635-1636.

NOYAREY.

Inventaire rédigé en 1885. — Archives très bien classées dans un cabinet attenant à la salle de mairie. — Publications périodiques reliées jusqu'en 1890.

PARISET.

Les Archives sont à Seyssinet, dans un cabinet dépendant du secrétariat de la mairie. — Inventaire de 1847, non au courant. — Publications périodiques reliées jusqu'en 1891. — Je n'ai pas retrouvé les cahiers de délibérations remontant à 1746, qui étaient mentionnés dans l'Inventaire de 1847.
    État civil. — Parizet : depuis 1656.
        Saint-Nizier : depuis 1674.
        Seyssinet : depuis 1670.

SEYSSINS.

Inventaire de 1860, sera prochainement complété et remanié, d'après la circulaire de 1879. — Archives installées dans une grande armoire vitrée de la salle des délibérations. — Local convenable et suffisant. — Collections reliées jusqu'en 1886. — Je n'ai pas retrouvé les parcellaires de 1774 et 1784 que j'avais vus lors de ma dernière inspection en 1882.

VEUREY.

Archives installées dans une armoire vitrée de la salle de la mairie. — Commencement de classement. — Publications périodiques reliées jusqu'en 1890. — Je n'ai pas retrouvé les registres de délibérations de 1782 à 1790, non plus que les parcellaires de 1589, 1590, 1768 qui sont signalés par l'inventaire de 1845.

CANTON DE VIF.

VIF.

Les Archives de Vif sont installées dans une salle spéciale de la mairie. — Local convenable, mais insuffisant. Il serait utile de faire établir dans la salle des délibérations du Conseil municipal deux corps de bibliothèques pour les publications administratives qui forment les séries A, B et C. Ces publications sont reliées jusqu'en 1877. Un crédit de 300 francs a été inscrit cette année au budget, pour faire relier le reliquat. Pas d'inventaire. Un récolement a été opéré au départ de M. Champollion-Figeac, maire. — Depuis lors rien n'a été fait.

ALLIÈRES-ET-RISSET.

Inventaire de 1843, non au courant. — Archives installées dans un cabinet attenant à la salle de mairie. — Local très humide. — Désordre. — Publications périodiques reliées jusqu'en 1885.

Délibération depuis 1835. L'inventaire de 1843 mentionnait des cahiers de 1720 à l'an VIII qui ne m'ont pas été représentés. — Je n'ai pas retrouvé non plus les parcellaires et le Courcier de 1698 qui figuraient dans le même inventaire.

CLAIX.

La situation ne s'est pas modifiée depuis ma dernière inspection en 1881. — Les collections n'ont pas été reliées depuis 1879. — Archives en désordre. — Inventaire de 1843, non au courant.

LA CLUZE-ET-PAQUIER.

Pas d'inventaire. — Archives installées dans deux armoires de la salle de mairie. — Local convenable et suffisant. — Archives en assez bon ordre. — Seul le *Recueil des Actes administratifs de la Préfecture* est relié.

Délibérations : depuis 1823.
État civil. — Pâquier : depuis 1602.
                Saint-Martin-de-la-Cluze : depuis 1666.
Parcellaire : 1700.
Péréquaire : 1778.
Rôles de taille et de capitation : $XVI-XVIII^e$ siècle.
Procédures : XVIIIe siècle.
Comptes consulaires : XVIIIe siècle.

LE GUA.

Inventaire de 1845, non au courant. — Archives installées dans le secrétariat de la mairie. — Local convenable et suffisant. — Publications reliées jusqu'en 1886.
Délibérations : depuis 1816.
État civil. — Saint-Barthélemy-du-Guâ : depuis 1692.
     Prélenfrey : depuis 1692.
Livre de raison de la commune de Saint-Barthélemy-du-Guâ : XVIIe siècle.

PONT-DE-CLAIX.

Inventaire rédigé en 1883, à peu près au courant. — Archives en assez bon ordre dans la salle de mairie. — Publications périodiques reliées jusqu'en 1883. — Un double de l'Inventaire devra être envoyé à la Préfecture.

SAINT-PAUL-DE-VARCES.

Inventaire de 1844, non au courant. — Archives installées en partie dans deux armoires de la salle de mairie, en partie dans un grenier. J'ai recommandé de transférer dans la mairie les pièces qui se trouvent dans ce dernier local, et d'y faire construire quelques étagères, pour les recevoir. — Publications périodiques reliées jusqu'en 1890. Je n'ai pas retrouvé le parcellaire de 1699 mentionné dans l'Inventaire de 1844.

VARCES.

Inventaire non achevé. — Archives installées dans deux armoires de la salle de mairie. — Local convenable, mais insuffisant. — Les volumes de la Bibliothèque administrative reliés jusqu'en 1891 sont entassés faute de place. Il conviendrait de construire pour eux une bibliothèque spéciale.
Délibérations : depuis 1810.
État civil : depuis 1607.
Parcellaire de Varces et de Saint-Paul-de-Varces : 1686.
Livre des pauvres : 1780-1823.

CANTON DU VILLARD-DE-LANS.

VILLARD-DE-LANS.

Inventaire au courant jusqu'en 1884. — Archives installées en assez bon ordre dans le secrétariat de la mairie. — Local convenable et suffisant. — Publications périodiques reliées jusqu'en 1883. — Il conviendrait de faire relier les anciens cahiers de délibération et d'État civil.

Délibérations : depuis 1760.
État civil. — Villard-de-Lans : depuis 1627.
          Corrençon : depuis 1668.
Parcellaire : 1637.
Péréquaire : 1697, 2 vol.

AUTRANS.

Inventaire rédigé en 1844, mis au courant en 1888, à la suite d'un procès-verbal de récolement dressé cette année. Cet inventaire est incomplet et irrégulier : il convient de le refaire conformément aux prescriptions de la circulaire de 1879. — Archives rangées en assez bon ordre dans un cabinet attenant à la salle des délibérations du Conseil municipal. — Collections périodiques non reliées.

Délibérations : depuis 1808. — Un registre antérieur remontant au 7 pluviôse an XIII n'a pas été retrouvé.
État civil : depuis 1643.
Parcellaire : 1636.
Péréquaire d'Autrans : xviiie siècle, 2 vol.
Terrier Boissieux sur Méaudre, Autrans et Saint-Nizier : 1750, 1 vol. dérelié.
Fragments de reconnaissances en faveur du seigneur de Sassenage (1614).
« Reconnaissances reçues par Marc Vincent, notaire à Grenoble, au profit de noble Pierre-Hippolyte de Garcin et François Louvat, pour raison des rentes à eux dues sur la paroisse d'Autrans, montagne de Sassenage » (1745). 2 vol. in-folio.
Expédition du terrier Vincent, notaire, contenant les

reconnaissances passées dans la paroisse d'Autrans, lequel terrier appartient à Monseigneur l'Évêque et prince de Grenoble (1745). 1 vol. in-folio.

Terrier d'Autrans au profit de Marie-Françoise-Camille, de Sassenage, épouse de Jean-François, de Sassenage, brigadier des armées du Roi (1759). 2 vol. in-folio.

Léve confinale du terrier d'Autrans (1760).

Ces volumes de reconnaissances devraient être transférés aux Archives de la Préfecture, attendu qu'ils proviennent de la famille de Sassenage et de l'Évêché de Grenoble dont nous possédons les papiers.

CORRENÇON.

Pas d'inventaire. — Commune créée en 1857. — Archives installées dans deux armoires de la salle de mairie. — Local convenable et suffisant. — Les collections sont très incomplètes de 1871 à 1890. — Publications périodiques reliées jusqu'en 1869.

LANS

Inventaire rédigé en 1887. — Archives installées dans un cabinet attenant à la salle de mairie. — Local convenable et suffisant. — Les collections de périodiques en feuilles seront brochées cette année.

Délibérations : depuis 1821.
État civil : depuis 1837.
Parcellaire : 1613, en feuilles.
Parcellaire des fonds nobles de la communauté de Lans, montagne de Sassenage (1749). 1 vol. in-folio. — Y figurent : Félicien Barde, prieur et curé de Lans, Gabriel de Sassenage, Joseph de Chaulnes, Joachim de Mistral, conseiller au Parlement, le conseiller de Saint-Marcel, M. de L'Estang, M. de Garcin, M. de Ponnat de La Rigaudière, M. de la Valonne, M. de Bazemont.

Péréquaire ou Courcier du parcellaire noble de Lans.
Parcellaire des tailliables de la communauté de Lans : 1706.
Péréquaire ou Courcier de Lans. Fonds tailliables : XVIIIe s.

MÉAUDRES.

Après avoir été déplacées huit fois en vingt ans, les archives de Méaudres ont été enfin définitivement installées dans une armoire de la salle de mairie. — Local convenable, mais insuffisant. — Nécessité de construire quelques rayons pour les livres. — Publications périodiques en feuilles, classées par années. — Inventaire de 1844, non au courant.

Délibérations : depuis 1866. — Les registres antérieurs remontant à prairial an XI, mentionnés dans l'inventaire de 1844, n'ont pas été retrouvés.

État civil : 1717.

Parcellaire : 1690.

Péréquaire : 1771.

GRENOBLE.

J'ai continué la rédaction de l'Inventaire des Archives historiques de Grenoble. (Série CC., n°° 917-1129). Les deux cents articles inventoriés cette année comprennent la fin des comptes des deniers communs et d'octroi de 1717 à 1790, les registres de contrôle des mandats, de 1645 à 1790, et les comptes des poids des farines remontant à l'année 1567.

Ces documents, d'apparence ingrate et revêche, fournissent cependant, à qui sait les feuilleter, quelques renseignements utiles, quelques faits nouveaux, quelques traits de mœurs à l'aide desquels on peut reconstituer la physionomie du Grenoble parlementaire du XVIIe et du XVIIIe siècle, la pittoresque topographie de ses rues et les habitudes de ses habitants. Un mandat délivré en 1771, au sieur Datte, dessinateur, nous apprend qu'il avait été envoyé à Paris, en 1767, par l'Intendant pour y relever les plans de l'ancien opéra-comique de la foire Saint-Laurent, lesquels servirent de modèle à la construction du premier théâtre grenoblois, édifié en 1768. Un autre mandat délivré à Jean Jolly, hospitalier de Saint-Antoine en 1669, nous renseigne sur les prix de journées payés dans cet hôpital, lesquels variaient suivant les infirmités des malades de 9 livres à 22 livres, 10 sous par trimestre, soit de deux à cinq sous par jour ; d'autres mandats, en grand nombre, nous édifient sur le robuste appétit des Consuls et Conseillers consulaires des deux derniers siècles. Toute réunion était pour eux prétexte à banquet : on banquetait avant les feux de joie, avant la distribution du prix « du noble jeu de l'arquebuse », avant d'aller rendre visite à M. l'Évêque, avant ou après chaque procession, pendant la visite des vendanges, en classant les Archives communales et en général après toute délibération de quelque importance. Et quels menus ! En voici un offert le 9 juillet 1703 aux experts qui avaient concouru à la confection du parcellaire. Les convives étaient au nombre de douze. On leur servit : « premièrement, une soupe avec une volaille, une soupe de tripes, trois fricassées de veau, une grande rouelle de veau, le bouilli, deux pâtés, une longe de veau, un membre de mouton, un aloyau de bœuf et six poulets », le tout arrosé par quatorze pots de vin. Au repas offert par les consuls aux secrétaires de l'Intendant à leur arrivée à Grenoble, le 19 juin 1724, on servit quatorze plats de viande, où les pigeons revenaient sous trois formes différentes. Le 12 juillet 1788, pendant l'agitation qui suivit la Journée des Tuiles, les consuls de Grenoble offrirent aux officiers municipaux de Gap, qui avaient été mandés par le Commandant de la Province, un banquet composé de vingt-cinq plats. C'est dans le menu de ce banquet que j'ai vu pour la première fois, figurer le gratin dauphinois. Il ne semble pas remonter plus haut.

ARCHIVES HOSPITALIÈRES.

HOPITAL DE GRENOBLE.

L'Administration de cet établissement a fait faire un millier de cartons pour enfermer les liasses de la série H. Elle fera achever l'estampillage des pièces dès qn'elle trouvera dans son personnel un sujet capable de s'en charger.

Veuillez agréer, Monsieur le Préfet, l'assurance de mon respectueux dévoûment.

L'Archiviste de l'Isère,
A. PRUDHOMME.

Grenoble, le 10 juillet 1893.

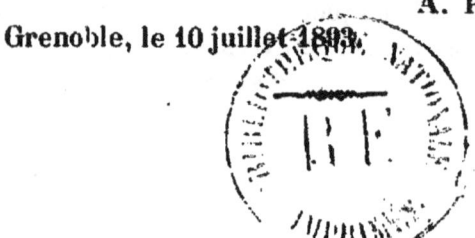